KB138372

힘 있는 여성

페미니즘은 어디로 가야 하는가

힘 있는 여성
DIE POTENTE FRAU

나무생각   스베냐 플라스푈러 지음   장혜경 옮김

플로리안에게

차 례

'힘 있는 여성'에 대하여 _____

힘 있는 여성은 심리적으로 가부장제를 넘어섰다. 법적으로도 가부장제는 끝났다.

힘 있는 여성은 수치심과 아양도 낡은 옷을 벗듯 훌훌 벗어던졌다. 쾌락을 받아들이는 그녀의 방식은 직접적이며, 그녀의 욕망은 자주적이다.

힘 있는 여성은 여백과 같은 존재가 아니다. 남성을 위해 존재하지도, 남성을 통해 존재하지도 않는다. 남성의 힘을 과시하기 위한 영상 속 소품이 아닐 뿐만 아니라 그녀는 남성과 동등하지만 동일하지는 않은 상대다.

힘 있는 여성이 억압에서 벗어난 지는 역사적으로 얼마 되지 않았지만, 그녀는 절대 스스로 복종하지 않는다. 그렇다고 무조건 공격의 칼끝을 반대 방향으로 돌리지도 않는다. 그 칼이 향할 곳이 어딘지를, 그것이 남녀 양성의 깊은 소외로 이어질 것이라는 사실을 잘 알기 때문이다.

힘 있는 여성의 위대함은 지배욕의 충동을 다스릴 줄 아는 능력에서 나온다. 어떤 형태의 물화(Verdinglichung)도 그녀는 단호히 거부한다.

힘 있는 여성은 시대에 뒤처진 현재를 과감하게 뛰어넘는다. 아직은 다른 서사가 불가능해보였기에 이른바 약한 성이 자신에게 떠맡기듯 부여한 피해자의 지위에 매달렸던 변화의 몇십 년은 지나갔다. 자신의 욕망에 대해 제대로 인식하지 못한 여성이 자신을 위해 자신의 성생활을 규제해줄 법을 요구하던 시대도 지나갔다.

힘 있는 여성은 이룰 수 없는 이상이 아니라 현실의 가능성이다. 왜 우리는 이 가능성을 붙들지 않는가?

서론 ─────────────────────────

몇 달째 신문과 시사 프로그램에서 '#미투(#metoo)' 논쟁을 다루고 있다. 하루가 멀다 하고 여배우, 여성 예술가, 여성 운동선수가 성폭력을 당했다고 고백한다. 하루가 멀다 하고 여성을 체계적으로 억압하는 가부장적 사회구조가 여론의 도마 위에 오른다. 해시태그를 통해 급속도로 확산된 페미니즘은 남성의 폭력이 어디에나 만연하다는 것을 증언한다. 일터에서도, 침대에서도, 모든 개별 여성의 삶에서도 폭력이 만연하다고 폭로한다.

그렇다. 맞는 말이다. 여성에 대한 (그리고 같은 남성에 대해서도) 남성의 포악하고 잔인한 폭력은 분명히 존재한다. 게다가 권력의 중심에는 여전히 여자들보다 훨씬 많은 남자들이 자리를 꿰차고 있다. 그중 몇몇은 뻔뻔하게도 권력을 남용한다. 그리고 할리우드의 영화 제작자인 하비 와인스타인

(Harvey Weinstein) 같은 남자들이 권력을 잃는다면 그건 당연히 좋은 일이다.

하지만 특이하게도 현재 사회에서 이뤄지고 있는 토론들에는 특정한 관점 한 가지가 빠져 있다. 어쨌든 법적으로는 더 이상 정당하지 않은 남성의 권력을 강화하는 데 여성 스스로가 어떤 기여를 하고 있는지에 대한 질문이 빠져 있는 것이다.

실제 '#절규(#aufschrei; 2013년 초 독일 자유민주당의 원내 대표이자 최고 중진인 라이너 브뤼덜레 의원이 여성 기자 라우라 힘멜라이히에게 던진 성희롱 발언이 폭로되면서 트위터에서 시작된 독일 해시태그 운동 – 옮긴이)', '#아니라면 아닌 거다(#neinheisstnein)', '#미투' 같은 운동들은 투철한 해방 의지의 표현이기도 하지만, 동시에 맹목적으로 가부장적 사고방식을 되풀이함으로써 자신들이 고발한 현실을 또다시 확립하는 결과를 낳는다. '여성에게는 괴롭힘에 저항할 힘이 없다', '여성은 저항할 수 없다', '남성의 욕망은 전능하며 여성의 욕망은 존재하지 않는다'는 식의 낡은 사고방식을 반복하는 것이다.

이 책에서 나는 이와 같은 문제점을 지적하면서 공격적이고 강인한 다른 개념의 여성성과 여성적 섹슈얼리티를 주장하고자 한다. 여성이 힘을 가져야만 자주성을 요구할 수 있고, 나아가 그 자주성을 몸으로 실천할 수도 있는 법이다.

not me

　　가능성은 새로운 것을 상징한다. 아직 결정되지 않은 것, 미지의 것을 대변한다. 가능성을 택한 사람도 그 가능성이 미래에도 통할지 알지 못한다. 그러기에 변화의 단계에서는 많은 사람들이 과거의 것을 선호하게 된다. 그 선택이 불행을 동반하더라도 말이다.

　　왜 우리들은 스스로에게 권력을 주지 않을까? 왜 그런 가능성을 선택하지 않는가? 미투를 지지하고 있는 이들에게 물으면 이렇게 대답한다. 그 가능성은 가능성이 아니기 때문이라고. 법적으로는 평등할지 몰라도 세상은 여전히 남자가 지배하기 때문이라고. 권력을 남용하는 남성들에게 여성들이 강간당하고 희롱당하고 강요당하기 때문이라고. 이것이 새로운 가능성을 거부하는 이들의 기본 전제다.

나는 바로 이 지점에서부터 문제를 세분화해서 보는 시도가 필요하다고 생각한다. 세상의 모든 요직을 하비 와인스타인이 차지하고 있는 것은 아니다. 모든 기업이 남성 상사의 성적 취향을 해결해주는 권력의 카르텔인 것은 아니다. 게다가 성적 자기 결정권의 침해가 현대사회 여성의 주요 문제라는 미투의 주장에도 문제가 있다. 예를 들어 똑같은 열성으로 '남녀 임금 격차' 같은 문제에 관심을 기울이는 편이 더 마땅하고 현실적이지 않을까? 그래야 부당한 권력 구조라는 문제에 실질적으로 접근할 수 있을 테니까 말이다.

문제는 '#남녀임금평등'과 같은 해시태그가 '#미투'와 같은 정도의 반향과 효과를 불러오지 못할 것이라는 데 있다. 언론이 미투만큼 주목하지 않을 테니까 말이다. 언론의 입장에서는 남녀의 임금 격차가 호텔방에서 권력 있는 남성에게 당한 희롱과 괴롭힘을 상세하게 털어놓는 여성의 이야기만큼 섹시하지 않을 것이다.

가령 〈포커스(Focus)〉가 "당신도 직장에서 성적 괴롭힘을 당한 경험이 있습니까? 당신의 사연을 이메일로 보내주시면…"[1]과 같은 제보 요청 문구로 여성들의 용기를 부추기는 태도만 봐도 언론의 속마음을 알 수 있다. 기본적으로 페미니즘적이지 않은 잡지가 앞으로 이렇게 저렴한 가격에 시의적절한 사연들을 건질 일은 없을 것이다. 언론이 미투를 소비하는 메커니즘을 보고 있노라면 프랑스 철학자이자 계몽주의자 드니 디드로(Denis Diderot)의 소설 《입 싼 보석들(Die geschwätzigen Kleinode)》이 계속 떠오른다. 술탄이 반지를 돌리기만 하면 그 나라에 사는 여성들의 성기가 술술 이야기를 털어놓는 내용이다.

하비 와인스타인은 1952년에 태어났다. 디터 베델(Dieter Wedel; 독일 유명 TV 드라마 감독으로, 과거 여배우들을 성폭행한 일이 알려지면서 독일판 '와인스타인 사건'의 주인공이 되었다.—옮긴이)은 (아직 확실하게 밝혀진 것이 아니라서) 1939년 아니면 1942년에 태어났다. 2013년 여성 기자 라우라 힘멜라이히(Laura Himmelreich)에게 "(가슴이) 디른들(가슴 라인이 많이 드러나는 바이에른 지방의 전통 의상—옮긴이)도 꽉 채우겠다."고 말해서 해시태그 '#절규'를 불러일으킨 라이너 브뤼덜레(Rainer Bruederle)는 2차 세계대전이 끝날 무렵에 태어났다. 그러니까 '성화된 폭력(sexualisierte Gewalt; 페미니즘적으로 해석하자면 권력 행사의 의미를 가진 '성폭력' – 옮긴이)'을 둘러싼 현재의 논쟁에 결정적으로 불을 지핀 남성들은 모두 노인들이다.

분명 그동안 다른 세대의 남성들과 남성 상사들은 성장했다. 남녀가 법적으로 평등하고 권력의 중심으로 진출한 여성들이 점점 늘어나면서 다른 사회화 및 다른 교육을 받은 세대다. 물론 예외는 어디든 있다. 하지만 적어도 서구 사회에서는 급변하는 사회 현실과 더불어 남성의 태도도 달라졌고, 그들이 대부분 좋은 방향으로 달라졌다는 데에는 누구도 이의를 제기하지 않을 것이다.

그런 의미에서 본다면, 언론과 미투에서 구조적으로 '성화된 폭력'의 증거로 제시하는 대형 스캔들 대부분이 그들 노인들에 의해서 1980년과 1990년대에 일어난 사건이라는 점도 주목할 만하다. 마치 당시부터 지금까지의 몇십 년을 그냥 지워버리듯, 당시만 보고도 곧바로 오늘을 유추할 수 있다는 듯, 그 사이에 아무 일도 없었다는 식의 주장들이 넘쳐

난다. 몇십 년 동안 우리에게는 정말로 많은 일들이 있었다.

'성화된 폭력'이라는 개념도 주목해야 한다. 이것이 전체 성범죄를 포함하는 매우 불명확한 개념이라는 데에는 누구도 이의를 제기하지 않을 것이다. 이 표현은 강간에서 언어폭력에 이르기까지 모든 것을 의미한다. 따라서 여성이 미투 해시태그를 달고 털어놓은 경험들 역시 지극히 다양하다.

이런 일반화 경향은 '나도'라는 의미를 지닌 운동의 명칭에서부터 이미 잘 드러난다. '나도'가 무슨 의미일까? 무엇에 대해 '나도'라는 것일까? 밤에 호텔 바에서 들은 한심한 농담에 대해? 아니면 신체 폭력에 대해? 바로 이런 모호함이 체계적 억압의 인상을 다시금 불러일으켜 '남성이 여성을 지배한다'는 기존의 구조를 계속해서 고착화한다. 세세하게 따져서 어떤 상황이 되어야 여성이 원칙적으로 행동의 선택권을 갖는지, 어떤 이유에서 그 선택권을 여전히 행사하지 않았는지를 밝혀내려는 노력은 전혀 찾아볼 수도 없다. 또 강간에서 그치지 않고 흔하게 벌어지는 성희롱과 같은 피해들도 없어지기 바라는 것은 알겠지만 어떤 세상을 목표로 투쟁해야 할지 도무지 알 수 없다.

가끔은 미투를 지지하는 사람들이 성희롱이 없는 청결한 세상, 심지어 섹스까지도 법으로 규제하는 세상을 원하고 있는 것은 아닌지 생각될 때도 있다. 하지만 가만히 들여다보면 모든 유혹이 성희롱으로 — 거꾸로 성희롱이 유혹으로도 — 인식될 위험도 있다. 한 여성이 한 남성을 매력적이라고 생각하느냐 아니냐, 그녀가 그럴 기분이냐 아니냐에 따라서, 그리고 그녀가 어떻게 사회화되었느냐에 따라서 똑같은 언어 행위와 똑같은 제스처가 유혹으로도 성희롱으로도 인식될 수 있다(여성이 남성을 유혹하려는 경우에도 당연히 마찬가지다).

　어떤 사람도 진심으로 유혹이 일체 없는 세상을 바라지는 않을 것이다. 하지만 유혹이 성희롱과 달리 권력으로부터 자유롭다고 믿는다면 그건 착각이다. 유혹에 성공한 사람은 타인의 마음에서 존재하지 않았던 의지를 만들어낸다. 애당초 상대에게 의지가 있었다면 유혹은 필요치 않았을 것이다. 따라서 유혹과 의지의 조작이 매우 근접하다는 사실은, 성 행위에서는 무해하지 않은 것이 없다는 가정을 더욱 뒷받침하는 셈이 된다.

물론 여성이 도저히 어쩔 수 없는 상황들이 있다. 강간이나 성희롱이 별것 아니라는 말을 하려는 것은 결코 아니다. 강간은 항상 예외지만, 다른 상황에서는 괴롭힘을 당한다는 느낌이 드는 경우에 도무지 손쓸 수 없는 상황이라고 단정지을 수 없다. 예를 들어 직접적으로 싫다고 말하거나 관심이 없다고 에둘러 표현할 수 있다. 호텔방에서는 면접을 보지 않겠다고 거절할 수도 있다. 남성의 의사를 따르지 않음으로써 그에게 모욕을 줄 수도 있다. 한마디로 신체 폭력을 당할 위험을 무릅쓰지 않더라도 보통은 나와 자고 싶다는 남성의 바람에 대항할 수 있는 것이다[상대 남성이 반신 불구 화가 척 클로스(Chuck Close)처럼 신체적 폭력을 아예 행사할 수 없다면 더욱더 그럴 것이다. 클로스는 휠체어에 앉아서 모델을 성희롱했고, 그로 인해 현재 작품 활동에 지대한 문제를 겪고 있다].

어느 편을 들 것인지 묻는다면 나는 당연히 너무 젊어서 경험이 없거나 난처한 상황에 내던져진 여성과 확실하게 연대할 수 있다. 여성 인턴이나 가사 도우미가 남성 상사나 주인에게 어떤 방식으로든 성적 모욕을 당하거나 성희롱을 당하는 장면을 목격한다면 달려가 눈앞에서 말할 수 있다.

"당장 그만둬!" 그 누구도 그런 나를 막지 못할 것이다. 내 마음속에 숨은 비겁함만 빼면.

물론 다양한 이유에서 그런 자주적 태도가 쉽지 않을 때가 많다. 더구나 그 여성들이 이미 잦은 폭력을 경험해 트라우마가 생겼고 공포를 느낀다면 더욱더 그렇다. 하지만 문제는 선택이다. 그런 여성들이 자주성을 되찾도록 용기를 줄 것인가, 아니면 트라우마 때문에 그럴 수 없다는 말만 끝없이 되풀이할 것인가? 용기를 주는 첫 번째 선택은 성장의 가속화를 이끌어내겠지만, 두 번째의 선택은 현 상태의 고착에 불과할 것이다.

또 여성이 남성의 지원이나 호의에 의존하는 경우에도 저항하기가 쉽지 않다. 단호한 저항으로 좋은 관계를 망칠지도 모르고, 심지어 일자리를 잃을지도 모른다. 하지만 바로 이 지점을 '#페미니스트'들은 간과한다.

여성에게 자주성을 요구하고 나아가 그것을 구체적으로 실천하게 만들기란 쉬운 일이 아니며, 지금껏 단 한 번도 쉬웠던 적이 없었다. 미하엘 파우젠(Michael Pausen)과 하랄트 벨처(Harald Welzer)는 《자주성(Autonomie)》에서 시대를 불문

하고 인류가 저항해서 피해를 입을까 봐 겁이 난다고 변명했더라면 역사는 단 한 걸음도 나아가지 못했을 것이라고 말했다.[2] 만약 인류의 역사가 계속 그래 왔다면 진보할 수 없었을 것이다. 그리고 주체적 여성성도 있을 수 없다.

행동의 가능성이 있는 상황에서 피해자의 입장에만 머물러 있는 것은 자주적인 행동이 아니다. 그것은 그저 저항하지 않은 길일 뿐이다. 극단적으로 말한다면, 여성들이 스스로를 어린아이 취급한다면 과연 무슨 논리로 남성과 동등하게 사회의 요직을 달라고 요구할 수 있겠는가?

만약 이 대목에서 미투가 '침묵을 깬' 매우 자주적인 행동이라고 반론한다면, 그것은 도덕적 설득력(여성이 자신의 고통을 털어놓고 고백하는 것에 반대할 수 있단 말인가?)에만 의지하는 닳아빠진 논리에 불과하다. 당시에 막을 수 있었을 범죄를 시간이 흐른 뒤에 비난한다고 해서 무슨 도움이 되겠는가? 가만히 있다가 나중에 고발한다? 과연 우리가 우리 딸들에게 이처럼 무력한 추종을 자주성과 해방이라고 가르치고 싶다는 것인가?

실제로 미투는 철저하게 가부장적인 여성상을, 수동

성과 부정성으로 점철된 여성상을 부수기는커녕 오히려 강화하고 있다.

이제부터는 미투가 양성 관계, 즉 남성과 여성의 구체적 관계에 미친 영향에 대해 살펴보자. 미투의 목표는 정확히 무엇일까? 미투 운동은 남녀의 관계를 개선하려는 것일까, 역전시키려는 것일까? 아니면 지속적으로 망가뜨리는 것일까?

한 가지는 확실하다. 상대방을 직접 만나 해명하지 않고 간접적으로, 그러니까 제3자를 통해 소통할 경우 양쪽의 대립은 더욱 격렬해진다. 직접적 소통을 회피하면 건설적인 대화를 나눌 기회는 (더 이상) 없다. 부부 관계가 나빠졌을 때 제3자인 변호사나 판사가 개입하는 경우를 떠올려보라.

미투의 경우에는 여론이 판사의 역할을 대신한다. 소통은 해시태그를 거친다. 더구나 이러한 소통은 완전히 일방적이다. 여성은 말하고 남성은 침묵한다. 남성의 발언은 애당초 계획에 없다. 남성은 자신에게 쏟아지는 비난에 맞서 명확하게 자신을 변호할 수도 없고 그 상황을 바라보는 그의 — 매우 흥미로울 것 같지만 별다른 설득력을 느낄 수 없는 — 입장을 설명할 수도 없다.

물론 여성에게 무례하거나 심지어 폭력을 행사하는 남성에게 공감한다는 말은 절대 아니다. 하지만 여성이 지난 수백 년 동안 자신을 괴롭혔던 바로 그 권력의 방법을 이용한다면, 그것에는 나는 단호하게 반대한다. 그 권력의 방법이란 바로 극단적 물화(物化)다. 타자를 단순한 객체로 격하하고, 충동에 흔들리는 자연으로 환원시키는 것이다.

미투가 그리는 남성의 이미지는 명확하다. 욕망을 채우기 위해 여성의 의지를 꺾고 여성의 행복을 짓밟으며 여성을 육체적으로 지배하는 남성이다. 그러니까 남성은 기본적으로 동물이기 때문에 더 가혹한 법을 제정해서 제재하지 않으면 안 된다는 식으로 그려낸다. 그래서 프랑스에서는 미투를 "Balance ton porc(너의 돼지를 고발하라)"라고도 표현한다.

13세기에는 공개재판이 꽃을 피웠다. 수많은 방식의 재판 중에서 가장 흔한 것은 죄인을 기둥에 묶어두고 사람들 앞에 공개해 사회적 비방을 받게 하는 것이다. 이렇게 공개재판을 한 번 받은 사람은 두 번 다시 예전처럼 살 수 없다. 한 사람의 사회적 주체가 망가지게 되는 것이다. 이제는 공개재판의 기둥 역할을 해시태그나 언론 보도가 대신하고 있다.

바로 이 지점에서 미투 운동의 퇴행적 경향이 명확히 드러난다. 진보의 탈을 썼지만 사실은 퇴보의 길을 걷고 있는 것이다. 그것도 머나먼 중세로의 퇴보다. 미투의 공개재판은 목표가 명확하다. 겁을 주고 본보기성 징계를 내리는 것.

'똑똑히 봐. 잘못하면 무슨 일이 일어나는지. 멸시당할 거야. 네가 예술가라면 네 작품의 가치가 곤두박질 칠 거야.'

케빈 스페이시(Kevin Spacey)는 리들리 스콧(Ridley Scott)의 영화 〈올 더 머니(All the Money in the World)〉에 출연했지만 성추행을 했다는 비난을 받으면서 촬영분을 모조리 삭제당했다. 성추행 의혹이 제기되면 미술관은 해당 화가의 전시회를 거부하거나 무한정 미룬다. 앞서 언급한 척 클로스는 2018년 5월에 자신의 작품들을 워싱턴 국립 미술관에서 전시할 예정이었지만 성희롱 파문이 일자 전시회가 취소되었다. 사진작가 브루스 웨버(Bruce Weber) 역시 함부르크 다이히토르할렌에서 2018년 가을에 작품을 전시할 예정이었지만 성추행을 했다는 비난이 일면서 전시회가 취소되었다. 이런 대응 방식은 법치주의 원칙과 아무 상관이 없다. 무죄 추정의 원칙은 무시되고, 고발만으로 모든 것이 결정된다. 지금 예술계에서 일어나는 일들은 철학자이자 작가인 테아 도른(Thea Dorn)의 말대로 '도덕적 전체주의'[3]일 수 있다.

욕망의 경제학

현재의 토론에서는 욕망 자체가 주축을 이룬다. 미투의 특징은 여성들이 자신의 육체적 욕망을 수동적 역할로만 인정한다는 데 있다. 결국 미투 운동은 남성의 욕망에 대처하고 남성의 욕망을 물리치며 남성의 욕망으로부터 여성을 효과적으로 지킬 수 있는 전략을 목표로 삼는다. 이런 노력에서 여성적인 것 자체의 자리를 찾아보기란 어렵다. 우리는 여성의 욕망에 대해 아무것도, 정말 아무것도 알지 못한다.

도저히 도망칠 수 없는 폭력에 노출되었더라도 여성이 섹스에 적극적이어야 한다는 말을 하자는 것이 아니다. 남녀 관계의 중심에 전능한 남근이 있고 그것을 중심으로 세상이 돈다고 주장하는 고리타분한 욕망의 경제학을 뜯어고쳐야 한다. 남성의 욕망이 우월하므로 여성은 그저 반응만 할 수 있다고 말하는 그 욕망의 경제학 말이다. 먼저 시작하는 쪽은, 눈길로 상대방의 깊은 곳까지 밀고 들어오는 쪽은 '당연히' 남성이다. 딱 하나 그것만 원하는 쪽도 '당연히' 남성이다. 서양 문화에서도 여자가 건방지게 그런 역할에 도전했다가는 곧바로 색정증 환자 취급을 받고 만다.

　　해시태그 페미니즘의 일반적 특징은 여성의 욕망을 이렇게 유난스러울 정도로 부정한다는 것이다. 몇 년 전 슬로건 '#NoMeansNo(아니라면 아닌 거다)'를 앞세운 페미니스트들이 성범죄법의 낙후성을 외치며 법의 강화를 요구했고, 실제로 2016년에 성범죄법이 강화됐다. 명확한 '부정(No)'은 분명 당당한 여성 주체성의 표현일 수 있다. 하지만 '아니라면 아닌 거다'라는 말이 순수한 여성해방론의 표현이라고 믿는다면 그것은 큰 착각이다. 사실 그 말은 가부장제의 표현이기 때문이다. 여성의 섹슈얼리티와 부정성의 결합은 — '부정(No)'의 형태건 '아무것도 아닌 것(Nothing)'의 형태건 — 예로부터 우리 문화사를 관통하는 토포스(topos)다.

계몽주의자이자 철학자인 장 자크 루소는《에밀 혹은 교육에 대해》에서 여성의 주체를 만들어내는 행동 규칙을 아주 정교하게 적어놓았다. 그에 따르면 시민계급 여성의 핵심은 — 남녀 페미니스트 여러분, 집중하시기를! — '아니(No)'라고 말하는 능력, 남성의 성적 욕망에 저항하는 능력이다. "입은 항상 아니(No)라고 말하며, 또 그래야만 한다."고 루소는 주장한다. 여성의 '겸손'과 '수치심'은 남성의 '힘'에 맞서며 남성의 성적 의지에 선을 긋는다. 여성은 "항상 남성을 밀쳐내고 자신을 보호하며" 능숙한 교태로 올바른 순간에 그를 도발해 사냥의 용기를 북돋아야 한다. 물론 올바른 순간이어야만 한다. 다시 말해 적임자여야 한다.

루소는 지치지 않고 거듭 강조한다. 자신의 성적 욕망을 억제할 줄 모르고 뻔뻔하게 남자의 몸을 휘감는 여성은 사회의 근간을 허물고 "가족을 해체시키며 혈육의 연을 모조리 끊어버린다."고. 동물의 암컷에게 본능이 있듯 — 동물은 정해진 시간에 번식이라는 한 가지 목적만을 위해 짝짓기를 할 수 있다 — 여성에게는 거절의 기술이 있다고 말이다.[4]

"고맙지만 나는 춤을 추고 싶지 않아/나는 네 손이 내 몸 전체를 만지는 걸 원치 않아(Thank you in advance, I don't wanna dance/I don't need your hands all over me)."

미국 여가수 매건 트레이너(Meghan Trainor)가 부른 노래 〈No〉의 가사는 슬프게도 오직 'No'를 통해서만 정해지는 기존의 여성상이 아직도 엄청난 힘을 발휘하고 있다는 사실을 잘 보여준다. "내 이름은 'No', 내 신호는 'No', 내 번호는 'No'(My name is No, my sign is No, my number is No)." 이보다 더 한 자기 부정은 없다.

따라서 가부장적 영향이 강한 문화에서 'Yes'와 결합된 여성성은 단 두 가지 버전만 존재한다. 하나는 남성의 권력을 반영하는 목적으로만 사용되는 포르노그래피적 환상(Phantasma)이다. 다른 하나는 — '예스'가 순수한 복종만은 아니며 복종과는 약간 다르다면 — 병리학적 형태다. 라스 폰 트리에(Lars von Trier)의 영화 〈님포매니악(Nymphomaniac)〉에 나오는 자기 파괴적 색정증 환자 여주인공 조는 말한다.

"에로틱에서는 예스라고 말하는 것이 중요하다."

샤를로트 갱스부르(Charlotte Gainsbourg)가 연기한 조는 당연히 자신의 욕망 때문에 비참하게 몰락한다. 긍정하고 욕망하며 자의식이 넘치고 자주적인 여성의 섹슈얼리티는 미셸 푸코의 말을 빌리면 "말할 수 없는 것"이며 "배제당한 것"이다. 더구나 그 배제의 근거는 권력 정치적이며 생물 정치적이다. 보통 이런 여성의 섹슈얼리티는 여성 존재의 본질인 양, 다시 말해서 여성의 본질에서 나오는 것처럼 보이는데도 말이다.

성을 욕망하는 여성은 — 어쨌든 사회적으로 보기에는 — 도저히 불가능하기에, 문화사적으로 과도한 파급력을 갖는 담론, 즉 정신분석은 여성에게서 일체의 성적 지위를 박탈했다. 지그문트 프로이트(Sigmund Freud)의 강연록 〈여성성(Die Weiblichkeit)〉에는 이런 구절이 나온다.

"어쨌든 '여성의 리비도'라는 두 단어의 병기는 절대로 정당하지 않다. 두 단어를 나란히 쓰면 리비도가 여성의 역할을 위해 억지로 사용되는 경우 리비도에게 더 많은 강제가 가해지며, 목적론적으로 말하자면 자연이 남성의 경우보다는 여성의 요구를 덜 세심하게 고려한다는 인상을 받게 된다. 다시 목적론적으로 말해서 그 이유는 아마도 생물학적 목적은 여성의 동의와는 별개로 남성의 공격성이 달성하는 것이기 때문일 것이다."[5]

다시 말하면, 여성은 성적 의지가 없고 예외적인 경우에만 오르가슴을 느낀다는 뜻이다. 그 원인은 다시금 자연에서 찾을 수 있다. 번식을 하기 위해서는 남성의 욕망만 있으면 될 뿐, 여성의 욕망은 굳이 필요하지 않다고 여기기 때문이다.

사실이 그렇다면 프로이트의 설명대로 여성이 남성의 페니스를 부러워하는 것도 놀랄 일은 아니다. 프로이트는 그 원인을 여성의 해부학적 결함에서 찾는다. 여성에게는 남성의 성기가 없다. 따라서 남성은 여성을 보며 거세의 위협을 느낀다. 그러니 여성이 남성 욕망의 대상이 되기 위해서는 당연히 물화된 미를 통해 위협적인 무(無)를 은폐해야만 한다.

이런 논리는 지그문트 프로이트의 정신적 유산을 물려받은 프랑스 정신분석학자 자크 라캉(Jacques Lacan)의 저서에서 최고조에 달한다.

"이런 표현이 이상하게 들릴지 모르겠지만 여성은 (……) 여성성의 본질적인 부분, 특히 그녀의 온갖 자질들을 치장으로 가리며 도로 쫓아버린다. 자신이 아닌 것, 바로 그것 때문에 자신이 남성의 욕망과 사랑의 대상이 된다고 생각하는 것이다."

더 극단적인 표현도 있다.

"여성은 존재하지 않는다(La femme n'existe pas)."6)

이는 즉, 여성의 성은 부재하는 것이며, 공포를 유발하는 괴로운 결핍을 의미한다. 여성은 양다리 사이가 무(無)이기 때문에 그로부터 아무것도 나오지 않는다. 자신의 욕망도 자신의 주체성도 결실을 맺지 못하는 것이다.

이런 담론은 낡아빠진 생각일 뿐이다. 하지만 21세기에도 여전히 남녀 관계는 서로를 거부하다가 끝날 것 같다. 여성은 '#NoMeansNo'나 다른 해시태그를 통해 남성을 밀어내고, 남성은 다시 여성으로서의 여성을 거부한다. 여성이 자신의 욕망을 알아서 병리화하거나, "치장으로 가리며 도로 쫓아버리기"를 바란다. 이른바 여성의 결핍을 화장과 애교와 신경 써서 꼰 다리로 숨길 줄 알았으면 하고 바라는 것이다.

이제는 때가 되었다. 이토록 자기 것을 지키기에 급급하고 안타까운 방어 자세를 버리고 상호 인식을, 타자를 향한 절대적 관심을 되찾아야 할 시점이다. 우리에게는 결핍 없이 충만하게 만나는 두 개의 힘 있는 성이 필요하다. 성적으로도 평등에 도달한 문화가 얼마나 풍요로울지 상상해보라.

여성은 무엇을 원하나

성범죄법 강화의 출발점은 '#NoMeansNo' 운동이었다. 법 자체도 그렇지만 이 해시태그 역시 양면적이다. 2016년에 여성에게 힘을 실어주기 위해 도입된 새로운 성범죄법은 우리가 가장 잘 알고 있는 낡은 여성성의 고정관념을 그대로 물려받았다. 이 법에는 여성의 의사가 명확하지 않으므로 여성의 의사가 잘못 해석되는 사태를 막기 위해 법을 개정해야 한다는 생각이 담겨 있다.

2016년까지 독일 형법 제177조는 다음과 같았다.

"폭력을 쓰거나, 신체 및 생명을 위협하며 협박을 하거나, 피해자가 가해자의 영향력에 무방비로 노출된 상황을 이용해 피해자에게 가해자 혹은 제3자의 성행위를 받아들이게 하거나 가해자 혹은 제3자에게 성행위를 하도록 강요한 자는 징역 1년 이상에 처한다."

새로 개정된 법에서는 처벌의 초점을 바꿔 여성에 대한 '폭력'이 아니라 '의사'의 무시를 처벌한다. 법 조항을 그대로 옮겨보면 다음과 같다.

"타인의 명확한 의사에 반해 그에게 성행위를 하거나 하게 하는 자, 혹은 제3자와 성행위를 시킨 자는 징역 6개월 이상 5년 이하에 처한다."

나아가 "피해자의 동의를 확인했더라도 피해자가 저항 의사를 결정하거나 표시할 수 없는 상황인 점을 이용한 자"는 처벌이 가능하다. 또 피해자가 "신체 혹은 정신 상태로 인해 의사 결정이나 의사 표시에 심각한 제약이 있는" 경우도 고발이 가능하다.

이처럼 '의사'에 집중하게 된 근거는 무엇보다 여성의 의사가 명확하지 않기 때문이라는 논리에 있다. 폭력적인 남성과 마주한 여성은 겁에 질려 경직되는 경우가 많다. 말을 하거나 저항을 하지도 못하므로 어쩔 수 없이 그 행위를 참고 견디는 것이다.

물론 겁에 질려 경직되는 상태가 존재한다는 사실을 부인하자는 것은 아니다. 하지만 이런 정황은 기존의 법 조항으로도 보호되지 않을까? 한 남성이 두려움으로 얼어버린 여성에게 나쁜 짓을 저지르는 것이 "피해자가 무방비로 노출된 상황의 이용"이라는 데 누가 이의를 제기하겠는가? 하지만 이 지점에서 전문가들의 의견이 갈린다. 한쪽에서는 대부분 법을 잘못 적용했을 뿐, 기존 법으로도 충분하다고 말한다. 다른 쪽에서는 새로 개정된 법이 기존 법의 미진한 부분을 메웠다고 주장한다.

여기서 우리는 우리가 논의하는 맥락에 중요한 역할을 하는 법의 메커니즘에 주목해야 한다. 법은 법적 주체를 보호하는 것을 주요 목적으로 삼는다. 이 경우에는 특히 여성이 법적 주체가 될 것이다. 그런데 법이 법적 주체를 보호하는 기능을 이행함과 동시에 법적 주체가 어떤 상태에 있으며, 그에게 요구할 수 있는 것과 없는 것이 무엇인지를 언급하고, 그렇게 함으로써 싫든 좋든 법적 주체의 존재를 확정해버린다. 새로운 법 조항의 마지막 구절인 "신체 혹은 정신 상태로 인해 의사 결정이나 의사 표시에 심각한 제약이 있는" 사람을 거론한 지점을 살펴보자. 대부분 이 구절에서 의미하는 대상이 연령이나 질환으로 인해 완벽한 의사 결정을 할 수 없으므로 특별한 보호가 필요한 아동이나 정신병 환자를 지칭한다고 생각할 것이다. 하지만 그렇지 않다. 여기서 지칭하는 사람은 성인이며, 무엇보다 여성을 위해 도입된 법인 만큼 그 대상은 여성이다.

해시태그 페미니즘은 이렇게 여성을 아동, 환자, 장애인 등과 동일시하는 입장을 받아들인다. 게다가 수용하는 것으로 그치지 않고 심지어 좋다고 여긴다. 그것이 가부장적 여성 비하의 위험을 안고 있다는 사실을 보지 못하는 것이다.

개정된 법은 더 나아가 실질적인 문제점을 드러낸다. 상대방이 말로 표현하지 않은 의사를 남성이 무시했다는 사실은 입증하기 매우 어려울 것이다. 당사자가 '반대' 의사를 표시할 수 있는 '상황'이 아니므로 명백한 동의가 필요한 때는 정확히 언제일까? 이런 표현들은 사적인 관계까지 깊숙이 파고들어가는 것을 의미한다. 설사 남성이 괴롭힐 의도가 없었다 해도 같이 잠을 잔다는 것을 매우 신중하게 생각해야 한다는 의미로 해석할 수 있는 것이다. "여자는 무엇을 원하는가?"라는 프로이트의 질문이 갑자기 다시 중요해지면서 결정적인 역할을 맡게 되는 것이다. 정말 여성은 무엇을 원하는 것일까?

개정법은 여성들을 폭력으로부터 확실히 막아주기 위해 만들어졌지만, 여기에는 위험한 대가가 뒤따른다. 국가가 가장 사적인 영역까지 법리적으로 개입하겠다는 것이다. 즉, 법의 강화를 통해 우리가 섹스를 이해하고 실천하는 방향에까지 영향을 미치게 된 것이다. 물론 부부 강간에 대한 법적 금지도 성교에 구체적인 영향을 미쳤다.

하지만 새로운 성범죄법에서는 폭력의 방지도 중요하지만, 그보다 우리가 이런저런 행위를 지금 이 순간 실제로 원한다는 영구적 보증이 근본적으로 훨씬 더 중요하다. 실제로 형법 제177조의 새 버전은 'No Means No(아니라면 아닌 거다)'보다는 (캘리포니아와 스웨덴에서는 이미 법적으로 현실화된) 'Yes Means Yes(그렇다면 그런 거다)'에 더 가깝다. 앞서 말했듯 반대 의사는 물론이고 특정 상황에서는 '동의' 역시 명백하게 확인할 수 있어야 하기 때문이다.

하지만 이 'Yes'는 얼마 만에 한 번씩 확인해야 할까? 전희 때 한 번 동의했다면 그것으로 충분할까? 혹시 모르니까 5분에 한 번씩 "해도 돼?"라고 물어야 할까? 동의의 뜻으로 고개를 끄덕거렸다고 해도 그것이 키스만 하라는 뜻일까, 아니면 가슴을 만져도 된다는 뜻일까? 섹스의 가장 아름다운 순간, 인간은 자신을 망각하고 자신에게서 빠져 달아난다. 바로 그것이 '엑스터시'라는 말의 의미다. 단추를 하나 풀 때마다 동의를 해야 한다면 절대 그런 황홀한 무아지경에 이를 수 없을 것이다.

더 심각한 문제는 'Yes Means Yes' 규정의 해방적 효과가 근본적으로 의심스럽다는 데 있다. 여기서도 성적 만족을 원하는 공격적이고 힘 있는 남성과 그에게 허락을 하거나 그를 거부하는 여성이라는 도식이 되풀이된다. 슬라보예 지젝

(Slavoj Žižek)의 표현을 빌리면 이런 논리의 귀결점은 여성을 "훨씬 더 굴종적인 위치로 데려다 놓는다. 극단적으로 표현하자면, 여성은 남성이 자신을 정복하기를 원한다고 시인해야 한다. 근본적으로 남성이 그렇게 해주기를 바란다는 공개 설명의 등가물을 제시해야 하는 것이다."[7]

마지막으로 인간의 의지 자체가 갖는 심오한 양면성이 있다. 나의 의지는 실제로 항상 나의 최선만을 원하는가? 이런 노래 가사를 들어봤을 것이다.

"내가 원하는 것들로부터 나를 지켜줘(Protect me from what I want)."

그러므로 여성이 한 남성 ― 혹은 여러 명의 남성 ― 에게 자신을 내어주고 나서 나중에 후회하는 경우도 있을 수 있다. 그런 행동의 책임은 그 누구도 대신 져줄 수 없다. 법도 대신할 수 없다.

생활양식의 비판

지금의 페미니즘은 해방된 자주적 섹슈얼리티의 정반대를 보여주는 여성들을 아이콘으로 선택한다는 특징이 있다. 그들의 논리는 이렇다. 설사 남성의 성적 환상을 만족시켜주는 여성이라도 법의 보호를 받아 성범죄의 위험에서 벗어나야 한다. 그리고 법적 보호가 충분하지 못하다면 그 법을 강화해야 한다.

2016년에 성범죄법이 갑작스럽게 강화된 데에는 '쾰른 사건'의 영향이 컸다. 사건 당일, 그믐밤에 북아프리카에서 온 남성들이 여성들을 에워싸고 만지고 괴롭혔지만 경찰은

두 손 놓고 가만히 있었다.

하지만 그 사건 못지않게 기나-리자 로핑크(Gina-Lisa Lohfink) 사건도 형법 제177조의 개정에 결정적인 역할을 했다. 2016년 여름, 모델 로핑크는 1심에서 위증죄로 유죄판결을 받았다. 2심에서도 마찬가지 결과가 나왔다. 로핑크가 부당하게 두 명의 남성을 강간 혐의로 고발했다는 것이었다. 또 남성들이 그녀에게 건넸다는 약물은 입증이 불가능했고, 로핑크는 그날 밤 의식이 완전했으며, 실제로 그것은 합의된 섹스였다는 판결이었다.

순식간에 페미니스트들로 구성된 '#기나리자' 팀이 꾸려졌다. 그날 남성들은 동영상을 촬영했고, 로핑크가 여러 차례 "하지 마!"라고 말한 것이 찍혀 있었기 때문이다. 로핑크의 지지자들은 이 말을 그녀의 명백한 거부로 해석했다. 남성들이 로핑크의 거부를 무시하고 범죄를 저질렀으므로 법 개정이 시급하게 필요하다고 외쳤다. 페미니스트 마누엘라 슈베지히(Manuela Schwesig) 역시 로핑크를 지지하며 성범죄법 강화를 요구했다. 그리고 우리도 알다시피 몇 주 후 실제로 법은 개정되었다.

기나-리자 로핑크는 하이디 클룸이 진행하는 캐스팅 쇼 〈저머니스 넥스트 톱모델(Germany's Next Top Model)〉에 출연하면서 대중에 이름을 알렸다. 그런데 문제는 〈저머니스 넥스트 톱모델〉이 가부장적 여성상의 고정관념을 극단적 형태로 재생산하며 여성을 교태나 부리는 성적 대상으로 지위를 격하시키는 내용을 주로 다루는 프로그램이라는 것이다. 또 로핑크 자신도 독일 광고위원회의 비난을 받은 적이 있었다. 광고위원회는 로핑크가 출연한 전자 제품 판매회사 레드쿤의 광고가 여성을 마치 싸게 구입할 수 있는 물건처럼 여기며 조악한 여성의 이미지를 전파했다고 비판했다.

물론 가슴에 실리콘을 넣고 바비 인형처럼 옷을 입고 다니는 여성도 법의 보호를 받아야 한다. 하지만 하필이면 로핑크를 영웅으로 유형화했다는 사실에서 우리는 해시태그 페미니즘의 핵심 문제를 확인할 수 있다. 해시태그 페미니즘은 국가에는 모든 것을 기대하지만 여성에게는 아무것도 기대하지 않는다. 남성의 마음에 드는 것이 지상 목표인 여성의 어떤 점이 영웅적이란 말인가? 〈저머니스 넥스트 톱모델〉에 출연한 사람은 페미니즘의 핵심적인 성과들을 배신하고 부정한다. 그 점을 명확히 밝혀야 한다.

　　지난 수십 년 동안 수많은 여성들이 지금과는 다른 여성성의 이미지를 확립하기 위해 열과 성을 다했다. 1970년대의 그 위대한 '아방가르드 페미니스트들'을 떠올려보라. 한나 윌케(Hannah Wilke), 신디 셔먼(Cindy Sherman), 발리 엑스포트(Valie Export), 울리케 로젠바흐(Ulrike Rosenbach) 같은 여성 예술가들은 예술을 통해 여성성에 대한 가부장적 상상력을 무너뜨리고자 투쟁했다.

　　여성 철학자 라엘 예기(Rahel Jaeggi)는 저서《생활양식의 비판(Kritik von Lebensformen)》에서 과거의 철학적 금기를 건드리라고 외친다. 마침내 다시 생활양식을 두고 논쟁을 벌여야 한다고 말이다. 지난 몇백 년간 철학자들은 정반대의 주장을 펼쳐왔지만 라엘 예기는 생활양식에 대한 비판이 가능하다고 주장한다.

　　칸트에서 하버마스에 이르기까지 과거의 철학자들은 모든 인간이 어떻게 살 것인가를 스스로 결정해야 한다고 주장했다. 도덕적으로 옳은 것이 무엇인지를 두고는 논쟁을 할 수 있지만 어떤 것이 잘 사는 삶인지를 두고는 논쟁을 할 수 없다는 것이다. 그에 대한 논쟁은 감시와 감독으로 변질될 수 있기 때문이라고 여겼다.

하지만 예기는 도덕과 윤리를 쉽게 분리시킬 수 없다고 말한다. 그리고 그런 그녀의 주장은 정당하다. 우리가 일상생활에서 실천하는 성 역할은 항상 정치적이기도 하다. 그 자체로 진보 혹은 퇴보를 판단하는 기준이다. 예기는 생활양식이 결국 '문제 해결의 기준'이라고 주장한다. 그리고 사회의 도전에 건설적이고 공격적으로 응할 수 있는 생활양식이 성공한 생활양식이라고 말한다.[8]

이 기준을 적용한다면 로핑크의 생활양식은 퇴보적이고 퇴행적이다. 그녀는 사회의 중요한 도전에 응하지도, 시급한 문제를 해결하지도 않는다. 오히려 남성의 환상을 순순히 긍정하며 이득을 취한다. 그러나 21세기의 여성은 자신을 보호해주는 아버지 국가의 손길만 믿어서는 안 된다. 칸트가 말한 '자기 자신에 대한 의무' 역시 느껴야 한다. 그 말은 여성도 자신의 잘못으로 인한 미성숙으로부터 벗어나야 할 책임이 있고, 수백 년에 걸친 해방 투쟁이 선사한 자주적 존재가 될 가능성을 자기 의지로 택하거나 적어도 진지하게 시도해볼 책임이 있다는 뜻이다.

여성성과 부정을 하나로 묶는 기존의 수상쩍은 사고에 맞서 긍정이 떠받치는 새로운 여성의 지위를 강화하는 것도 그런 자주적 실존의 본질이다. 그런 지위는 남성을 거부해야 확보되는 것도 아니고, 남성의 욕망 그 자체에 대한 맹목적 긍정으로 얻어지는 것도 아니다(그 둘은 동전의 양면에 불과하다).

자주적 여성성을 위한 투쟁, 바로 여기에 모든 여성의 개인적 책임이 있다. 입법자에게 성적 자기 결정권을 감시하라고 요구하는 것으로는 충분하지 않다. 여성이 직접 나서서 자주성을 실천해야 한다. 법도 그 책임을 대신해줄 수 없으며 또 그래서도 안 될 것이다.

주체를 위한 투쟁

　　지금껏 살펴본 대로 현재의 해시태그 페미니즘은 가부장적 세계관과 여성상을 재생산한다. 여성에게 힘을 선사하기는커녕 여성의 무력함을, 여성의 성적 부정성을 입증한다. 이런 시각에서 본다면 여성 자체는 욕망하지 않으며 여성의 섹슈얼리티는 남성에게 저항하거나 자신을 버리면서까지 남성의 귀여움을 독차지하는 것에서 끝나고 만다. 근본적으로 여성은 아무리 나이를 먹어도 좋고 싫음을 명확하게 표현하지 못한다. 그러니 하물며 남성의 호감에 강경하게 저항을 하겠는가. 추행을 당한다고 해도 현재 페미니즘의 방식대로

라면 여성에게 허락된 유일한 기회는 나중에 고발해 '#절규'
나 '#미투' 같은 운동으로부터 위대한 해방적 행위로 추앙을
받는 길뿐이다.

이렇듯 우려스러운 페미니즘 발전의 정체에 놀랄지
도 모르겠다. 2차 페미니즘 물결을 타고 뤼스 이리가레(Luce
Irigaray)나 엘렌 식수(Helene Cixous) 같은 여성의 저서가 불러
일으켰던 해방의 잠재력이 어쩌다 이 지경까지 고갈되어버린
것일까?

지난 몇십 년을 지배해온 페미니즘 담론을 살펴보면
그 질문에 대한 답이 나온다. 누가 봐도 큰 공을 세운 해체주
의적 페미니즘이 바로 그 주인공이다. 하지만 공이 큰 만큼
대가도 컸다. 해체주의적 페미니즘으로 인해 바로 '여성' 주체
의 공격적 강화를 잃어버렸기 때문이다.

해체주의 페미니즘의 대표적인 저서는 미국 여성 철
학자 주디스 버틀러(Judith Butler)가 쓴 《젠더 트러블》이다.
이 책은 1차와 2차 페미니즘의 물결을 계승하고 급진적으로
발전시켰다.

버틀러의 핵심 주장은 이렇다. 순진하게 계속 '남성'과

'여성'이라고 말하지 말아야 한다. 성이 자연스럽게 둘로 양분된다고 생각하는 한 남성의 논리에서 벗어날 수 없다. 이런 요구를 통해 버틀러는 단호하고도 철저하게 여성의 실존화에 저항한다. 다시 말해 여성의 (혹은 남성의) 본성이 존재한다는 주장에 저항한 것이다. 이런 맥락에서 버틀러는 정신분석뿐 아니라 남녀의 구분에 집착하는 차이의 페미니즘에도 비판적 시각을 던진다.

시몬 드 보부아르(Simone de Beauvoir) 같은 페미니스트들은 사회적 성이 만들어진 것이며 바뀔 수 있다는 사실을 잘 알고 있었다.《제2의 성(Das andere Geschlecht)》에서 보부아르는 말한다.

"여성으로 태어나는 것이 아니라 여성으로 만들어지는 것이다." [9]

이 말은 우리가 엄마나 애인 같은 여성의 역할을 엄마 배 속에서부터 갖고 태어나는 것이 아니라는 뜻이다. 우리는 천성적으로 남을 배려하고 남을 보살피는 것이 아니라 그런 특성을 가진 존재로 교육받으며 여성으로 사회화되어 왔다는 것이다.

　　그러나 보부아르는 생물학적 성의 존재를 문제 삼지 않았다. 남자에게는 페니스가 있고 여자에게는 음부가 있다. 남자는 아이를 만들고 여자는 아이를 수태해 출산한다. 그러나 버틀러는 보부아르와 달리 소위 객관적이라는 이런 생물학적 사실들이 중립적이지도 무결하지도 않다고 항의한다. 인류를 이런 식으로, 즉 생식기관에 따라 분류해야 한다고 그 어디에도 적혀 있지 않다고 말이다.

　　그렇다면 전혀 다른 분류는 생각할 수 없는 것일까? 출산을 기준으로 '여성'을 '남성'과 구분하는 것은 번식 기능과 결합된 자연에, 싫건 좋건 사회적 행동으로도 옮겨가는 그 자연에 여성을 꽉 붙들어 매는 짓이다.

　　실제로 출산력 같은 기준이 여성 본성의 핵심이라면 아이를 원치 않거나 낳을 수 없는 '여성', 그리고 (혹은) 돌봄과 배려 같은 어머니의 특성을 갖추지 않은 '여성'은 무조건 비정상 취급을 받을 것이다. 그런 여성은 근본적으로 여성이 아닐 것이다. 또 그런 식의 정의대로라면 출산이나 육아 대신

일을 택한 여성은 부족하고 결함이 많은 존재로 전락하고 만다. 그러니 남자에게 아예 관심이 없는 여자는 더 말할 것도 없을 것이다.

따라서 버틀러는 생물학적 구분에 맹목적으로 집착해 흔히들 자연스럽다고 생각하는 이성애적인 성 정체성을 고착화함으로써 우리 모두가 추종하고 있는 '이성애 매트릭스'를 비판하며, 그 정체성을 부수자고 말한다. 전통적인 여성성과 남성성을 떠나보내고 전래의 성 규범을 즐겁게 뛰어넘는 퀴어적 신체 연출을 도입해야 한다고 말이다.[10]

1990년대에 읽은 《젠더 트러블》이 내게 얼마나 깊은 인상을 남겼는지 나는 아직도 똑똑히 기억한다. 당시 나는 20대 중반이었고 몇 차례 남자들과 사귀었지만 불행히도 다 헤어졌다. 주디스 버틀러에게 심취할수록 나는 점점 더 진정한 해방은 동성애의 형태로만 유지될 수 있다는 결론으로 향했다. 따라서 나의 구체적인 애정 관계뿐 아니라 나의 이성애적 성향 자체가 심각한 문제를 안고 있다고 인식하기 시작했고, 그로부터 유일하게 수긍이 가는 결론을 끌어냈다. '너의 욕망을 바꾸어야 한다.' '여자를 찾아야 한다.' 하지만 아무리 노력

해도 결국 둘 다 실패하고 말았다.

해체주의적 페미니즘은 생물학적 성을 무조건 받아들이는 것이 얼마나 문제가 많은지를 보여줄 수 있었다. 그랬기에 그것이 선구적 업적을 남겼다는 점에서는 이의가 있을 수 없다. 하지만 빈대를 잡으려다가 초가삼간을 태운 꼴이었다. 버틀러는 생물학적 실존주의의 위험을 지적하는 데서 그치지 않고 아예 여성의 지위가 깔고 앉은 밑창까지 다 빼버렸다.

자크 라캉은 "여성은 존재하지 않는다."라고 했다. 주디스 버틀러는 정신분석의 이런 미심쩍은 입장을 깊이 있게, 현명하게 분석해 안으로부터 해체했지만 결국 — 비록 다른 전조와 다른 의도였다 해도 — 라캉의 문장을 되풀이하고 말았다. 결과는 무참했다. 주체로서의 여성은 존재하지 않는다. 그러므로 여성의 힘도 존재하지 않는다.

그렇다면 이제 우리에게 남은 길은 무엇일까? 해체주의와 실존주의적 여성성, 둘 중 하나를 택하는 길밖에 없는 것일까? 여성이 자신의 자리를 제대로 찾을 수 있는 기회는 없는 것일까? 지금껏 미처 생각하지 못해서 혹은 한 번도 이용한 적이 없어서 쓰지 못했던 기회는 없는 것일까?

이제 나는 제3의 길을 제시하고자 한다. 우리는 그 길을 체험주의, 몸의 경험이라 부를 것이다.

여성성의 현상학

앞서 보았다시피 해체주의와 실존주의는 충분한 대안이 아니다. 전자는 주체인 '여성'을 삭제하고 이성애의 지위를 깎아내리는 한편, 후자는 위험한 억압과 배제의 도구에 불과하다. 여성을 본성에 붙들어 매어둔다면 그 본성에 맞지 않는 모든 것들은 병으로 치부될 테니 말이다.

이제부터 내가 제안할 제3의 길은 그 둘을 모두 피해 갈 것이다. 해체주의적 페미니즘처럼 여성성과 남성성을 순수한 인공물이라고 주장하지도 않을 것이며, 위험한 본성을 강조하지도 않을 것이다. 내가 여기서 제시하려는 대안은 '신

현상학'이라는 이름의 철학 사조를 지향점으로 삼는다.

이름에서도 알 수 있듯 현상학자들은 본성이 아닌 현상에 주목한다. 존재가 아니라 가상을 인식의 기초로 삼는다.

돌이 하나 있다고 가정해보자. 현상학적으로 그 대상에 접근할 경우 나는 그 돌에게 시공간을 초월해 보편적으로 존재하는 확정된 본성이 있다고 생각하지 않는다. 나의 감각적 인식을 앞서는 플라톤의 이데아도 가정하지 않는다. 나는 아주 꼼꼼하게 돌을 바라볼 것이다. 돌을 만져도 보고 냄새도 맡아보고 공중으로 던져 땅에 떨어지는 모습도 관찰할 것이고… 그렇게 경험을 통해 돌의 현상학에 도달할 것이며, 고무공의 현실과 (교집합이 있다고 해도) 구분되는 돌의 현실을 설명할 것이다.

하지만 이런 전통적 현상학은 관찰이 너무 물화되어 실존화로 빠질 수 있다는 문제점이 있다. 프로이트도 그랬다. 강연록《여성성》에서 그는 여성이 무엇인지를 말하려는 것이 아니라고 주장했다. 하지만 우리도 알다시피 여성의 신체 구조에 대한 그의 정밀한 연구는 결국 여성의 본성으로 이어졌다. 리비도의 결핍이 가장 큰 특징인 그 본성으로 말이다.

신체 구조가 곧 운명인 것이다.

신 현상학은 과학적 연구, 외부의 관찰이 아닌 주관적 체험을 중심에 둔다. 달리 표현하자면 신체(Körper)가 아니라 몸(Leib)이 현상학이라는 철학 사조의 중심인 것이다. 신체와 몸, 지금 우리가 말하는 맥락에서 이 둘을 구분하는 것은 매우 중요하다. 신체는 현상학적으로 볼 때 바깥에서 관찰할 수 있는 것이다. 신체는 정돈하고 측정하고 약을 투여해 치료할 수 있다. 하지만 몸은 내부로부터 우리가 인식하는 것이다. 몸은 매우 특정한 피부에 들어가 있는 주관적 느낌을 지칭한다. 그렇다면 내적 경험으로서의 여성성과 남성성은 어떻게 다를까? 신체 현상학적으로 이 둘을 어떻게 구분할 수 있을까?

이러한 접근법에도 물론 위험이 있다. 지금 언급한 몸의 온갖 차이들이 다시 직접적 경험 자체에서 나온 것이 아니라 문화적 사회화의 효과에 불과할 위험이 존재한다. 예를 들어 남성은 자기 몸을 주변과 단절된 것으로 느끼지만 여성은 자신의 몸이 주변 세상과 얽혀 있다고 느낀다. 이렇게 다른 지각이 몸 자체의 특성과 관련이 있을까? 우리 모두가 내면의 깊은 곳에 품고 다니는 여성성과 남성성의 사회적 이미지와

관련 있는 것은 아닐까?

페니스를 가진 인간은 절대로 할 수 없는 경험이 있는가 하면, 반대로 남성의 몸으로만 할 수 있는 경험도 분명 존재한다. 적어도 이것은 확실하다. 음부가 있는 인간은 딜도를 차도 성기가 뻣뻣해져서 다른 사람의 몸으로 들어가 사정하는 것이 어떤 느낌인지 경험하지 못한다. 또한 페니스가 달린 인간은 질과 음핵의 오르가슴이 어떤 것이며, 생리와 임신, 출산과 수유가 어떤 기분인지 절대 알 수 없다.

철학자 토마스 네이글(Thomas Nagel)이 1974년에 발표한 논문의 제목은 〈박쥐가 된다는 것은 어떤 것일까?〉라는 질문이다. 네이글은 이 질문에 인간은 동물이 겪는 체험이 어떤 것인지 죽었다 깨어나도 모른다고 대답한다. 그러니 같은 몸이 아니기에 남자 역시 여자가 된다는 것이 (그리고 거꾸로 여자 역시 남자가 된다는 것이) 어떤 것인지 죽었다 깨어나도 알지 못할 것이다. 이러한 무지는 남녀 모두에게 몸은 달라도 상대의 입장이 되어보려 노력해야 한다는 과제를 던진다. 그러나 우리는 그 과제를 무시해버린다.

흔히 현상학적 입장에는 두 가지 반론이 제기된다. 이

자리에서 그 반론을 다시 반박해보자면, 당연히 요즘에는 수술을 통해 성을 바꿀 수 있다. 하지만 그것은 다시 지극히 독자적인 몸의 체험이다. 예전에 여자였던 남자는 태어날 때부터 남자였던 남자와 같은 몸이 아니다. 완벽하게 성전환이 이루어져서 인공 성기와 자연 성기의 차이를 느낄 수 없다고 해도 각각의 경험 세계는 다르다. 역사가 다르기 때문이다.

점점 인공을 지향하는 세상에서 몸성(Leiblichkeit)이라는 개념이 무슨 쓸모가 있느냐는 논리도 쉽게 반박할 수 있다. 조만간 모든 생식 활동을 기계가 맡게 되어 인간 남녀가 더 이상 체액을 나누지 않을 수도 있다. 하지만 설사 그렇다고 해도 우리가 몸을 가진 이상 우리는 몸에 대해 말해야 한다. 미투 운동이 가르쳐준 것이 있다면 바로 그것이다.

현상학에 대해 잠깐 설명하면서 우리는 이런 결론을 내릴 수 있을 것이다. 첫째, 남성성과 여성성을 가르는 것은 몸과 결합된 지극히 특정한 경험의 명백한 배타성이며, 또 다른 성의 경험을 완벽하게 이해하는 것이 실제로 불가능하다 (물론 부분적으로는 가능할 것이고, 어쩌면 상당 부분 그럴 수도 있겠지만 결코 완전하지는 못하다)는 사실이다.

남자들은 질이 있다는 것이 어떤 것인지 알 수 없다. 누군가 힐끔거리는 시선으로 자신의 몸을 더듬고 뒤에서 휘파람을 불어대면 어떤 기분인지도 알지 못한다. 마찬가지로 여자들은 페니스가 있다는 것이, 그러니까 인류 역사의 기나긴 시간 동안 권력을 상징했던 기관이 있다는 것이 어떤 기분일지 모른다. 따라서 우리는 잠깐의 현상학 이해로부터 성 정치적으로 매우 중요한 윤리를 끌어낼 수 있을 것이다. 앞서 말한 차이가 더욱더 직접적인 대화를, 구체적인 대면을 시급하게 만들기 때문이다. 남성과 여성이 서로에게 "~이 된다는 것은 어떤 것인가?"와 같은 질문을 던지며 서로를 이해하기 위해 노력하기만 해도 남녀의 관계는 성공할 수 있을 테니까 말이다.

둘째, 몸성이라는 개념은 — 해체주의와 자본주의가 공유하는 — 유연성의 환상에 확실하게 선을 긋는다. 물질은 무한히 가변적이지 않다. 우리가 우리의 욕망을 임의로 바꿀 수 있는 것도 아니고, 몸이 무한정 유연한 것도 아니다. 카를 마르크스(Karl Marx)의 말을 빌리자면 몸은 '자연 장애물'이다.

셋째, 해체주의 페미니즘은 동성애와 퀴어니스(queerness; 성소수자적인 것)만이 자주적 섹슈얼리티로 가는 길을 연다는 추측을 불러일으키지만, 내가 권하는 체험주의는 이성애적 여성성에게도 이런 가능성을 선사한다. 해방된 여성이 꼭 퀴어나 레즈비언인 것은 아니다. 오히려 동성애와 해방의 동일시는 해체주의 페미니즘이 애당초 막고자 했던 배제의 메커니즘을 닮게 된다.

물론 (돌봄과 배려 같은) '여성의 본성'이 질에서 나온 것이라거나 출산 때문이라고 말하는 것은 절대 아니다. 오히려 나는 그 특정한 경험이 — 남성의 힘이 아니라 — 오직 여성의 힘 때문이라고 주장하고자 한다. 여성만이 자궁을 갖고 있다. 여성만이 출산을 할 수 있다. 한나 아렌트의 말대로 '출산'의 힘은 그 몸의 가능성이 실현되었건 아니건 상관없이 오직 여성의 권력에 달렸다.

가능태(Potentia)

'힘(Potenz)'이라는 개념은 라틴어 '포텐티아(potentia)' 에서 나온 것으로, '권력', '힘', '능력', '재능'이라는 뜻을 담고 있다. 철학적으로 볼 때 포텐티아(이 개념의 기원은 아리스토텔레스에게로 거슬러 올라간다)는 행위와 행동이 아닌 '실현되지 않은 가능성'을 의미한다. 나무가 불에 탈 수는 있지만 지금 타고 있는 것은 아니다. 그러므로 포텐티아는 실현된 가능성인 '현실태(actus)'와 대립된다. 현실태란 나무가 지금 불에 타고 있는 것이다.

내가 말하는 여성성의 개념은 (물론 남성성도 마찬가지

다) 이렇듯 아리스토텔레스가 생각했던 힘과 관련이 깊다. 힘이 있는 여성은 자신의 여성성을 현실로 옮긴 여성이 아니라 가능성에서 자신의 힘을 길어내는 여성이다. 할 수 있지만 반드시 해야 하는 것은 아니다. 중요한 것은 내가 되는 것이다.

실현되지 않은 선택도 실현된 선택보다 결코 가치가 덜하지 않다. 행동으로 옮기지 않은 특정한 능력은 다른 영역에서 더 많은 힘을 방출한다. 프로이트가 말한 '승화(Sublimation)'도 이런 맥락이다. 충동을 숭고하게 만드는 것, 성적 에너지를 일로 변화시키는 것이다. 힘이 행동과 얼마나 서로 긴밀한 사이인지는 여기서 명확해진다. 힘이 있다는 것은 (행동이 구체적일 것 같지만) 가능성에서 출발해 행동에 돌입한다는 의미다.

여기까지는 좋다. 하지만 사회 현실을 들여다보면 위에서 언급한 힘을 훨씬 더 효율적으로 가능성에서 끌어낼 수 있는 쪽은 역시나 남성들이다. 여자들은 첫아이를 낳자마자 누가 마술이라도 부린 것처럼 사적 영역으로 사라지지만 남자들은 사회 요직을 차지하고 경력을 쌓는다. 성적인 면에서도 누가 봐도 남성이 여성보다 더 에너지가 넘치고 적극적이다. 그런 현실을 입증하는 인상적인 증거가 바로 미투 운동이다. 남성은 행동하고 여성은 반응한다. 한마디로 남자들이 선택권을 활용하는 동안 여자들은 다양한 영역에서 가능성의 뒤편에 머물러 있다. 그 때문에 현재의 미투 활동가들이 고발하는 그런 권력 관계가 생기고 여성들이 절망에 빠지게 되는 것이다.

실제로 힘이라는 개념은 누가 봐도 남성적이다. 힘이 있는 남성은 적극적이고 강하다. 언제나 자신이 원하는 것을 할 수 있고 그것이 무엇인지도 매우 정확하게 알고 있다. 서양 문화사에서 남성의 추진력은 대부분 생물학에서 근거를 끌어온다. 남성의 불타오르는 리비도(불에 타는 나무가 떠오른다)는 굼뜬 여성의 난자에 침투하는 정자의 활동에서 제 짝을, 그러니까 그 원인을 발견한다. 고대 사람들은 태아에게 형태를 부여하는 것은 오직 남성의 정자라고 생각했다. 여성의 기여는 지극히 수동적이라고 생각했다.

이런 견해는 대부분 반박되었다. '굼뜬 난자'라는 이미지마저 타당성을 잃어버렸다. 어쨌든 세포가 수정이 되려면 먼저 배란이 되어야 하고, 그 난자가 나팔관을 지나 여행을 해야 한다.

수정이 되는 과정에서도 난자는 결코 가만히 있는 수동적 물질이 아니다. 난자에게는 자석 같은 힘이 있다. 난자는 표면의 특수 생화학 반응을 통해 정자를 끌어당긴다. 남성의 정자는 절대 스스로 난자를 찾아가지 않는다. 여성이 질 오르가슴을 느낄 경우 수정은 더 유리해진다. 자궁이 수축되면서 정자가 더 안쪽으로 끌려들어가기 때문이다. 여성의 쾌락은 번식에 하등 중요하지 않기에 여성의 리비도는 애당초 필요하지 않다는 생각이 얼마나 시대착오적인지를 잘 알 수 있는 대목이다.

하지만 이와 같은 인식은 예나 지금이나 문화적 의식으로 진입하지 못하고 있다. 그러니 집단 무의식으로의 진입이 힘들다는 것은 더 말할 나위가 없을 것이다.

생물학적으로만 보아도 우리는 예나 지금이나 여성성을 수동성과 짝짓는다. 여성의 성적 힘에 대한 부정은 우리 내면에 깊이 자리하고 있고, 실제로 지극히 일상적인 용어 사용에서도 여전히 드러난다. 예를 들어 나의 딸은 요즘 학교에서 성교육을 받고 있다. 그래서 성기의 외부는 물론이고 내부의 음순, 클리토리스, 질, 회음에 대해서 모르는 것이 없다. 하지만 수업 시간에 여성의 성기를 뭐라고 부르냐고 물었더니 이렇게 대답했다. "뭐긴 뭐야. 질이라고 하지."

'질(Scheide)'은 남성의 '페니스'에 상응하는 여성의 신체 부위를 일컫는 개념 중에서 가장 흔히 사용하는 말이다. 하지만 '페니스'는 눈에 보이는 남성의 성기를 일컫지만 '질'은 여성 성기의 극히 작은 부분만을 지칭한다. 즉, 외부(외음부)를 내부(난소, 자궁구, 자궁)와 연결시키는 부분만을 일컫는 말이다. 그러니까 한마디로 질은 구멍 이상이 아니다. 수동적으로 칼을 보관하는 칼집 이상이 아닌 것이다.

여성의 성기를 이런 부정성과 수동성에 국한시키는 것에 문제의 핵심이 있다. 여성의 성기가 얼마나 복잡한지에 대해서는 아무도 언급하지 않는다. 성행위 동안 일어나는 여성 성기의 적극적인 활동에 대해서도 전혀 언급하지 않으며, 그 구멍 뒤편에 숨은 넓은 세상에 대해서도 아무도 말하지 않는다. 성행위란 그저 하나의 페니스가 성적으로 흥분한 여성 안으로 밀고 들어가는 것이 아니다. 여성의 성기가 그것을 휘감고 껴안으며 제대로 빨아들이는 것이다.

그런 의미에서 여성의 외음부에 해당하는 독일어 '벌바(Vulva)'의 인도게르만어 뿌리가 '벨(vel)'인 것은 매우 의미가 깊다. 이 단어의 의미가 '감싸다', '감겨들다', '감다'이기 때문이다. '혁명(revolution)'이라는 말에도 같은 의미가 숨어 있다(revolution은 '회전하다'라는 뜻의 라틴어에서 유래된 말이다. – 옮긴이).

여성의 성이 수동적인 기관이라고? 말도 안 되는 신화다. 질은 ― 종류는 다르지만 ― 남성의 힘에 못지않게 생산적이고 진보적이며 포괄적인 힘을 가지고 있다.

그러므로 생물학을 들먹이며 남성은 공격적이고 적극적이며, 여성은 방어적이고 수동적이라고 말하는 헛소리는 땅에 묻어버리자. 그 무엇도 그런 이분법이 옳다고 입증하지 않는다.

역사적으로 여성을 약자의 지위로 추방해버렸던 것은 자연이 아니라 남성의 마음 깊은 곳에 숨어 있는 오래된 공포다. 힘 있는 여성을 향한 남성의 두려움이다. 그리스 신화에 나오는 고르곤의 딸 메두사를 떠올려보라. 유혹의 힘이 너무나 강해 머리가 잘린 그녀. 메두사의 잘린 머리는 지금까지도 여성을 향한 공포를 상징한다.

여성의 힘을 향한 남성의 두려움이 문화사에 지대한 영향을 미쳤다는 사실, 아니 더 솔직히 말해 문화사를 만들어 냈다는 사실은 실제로 손쉽게 입증된다. 여성을 증오했던 니체가 변함없이 출산과 사상을 대립시키면서 육체적으로 금욕을 하는 자만이 정신적으로 수태할 수 있다고 주장했던 것은 우연이 아니다. 기독교의 영향 아래에 있던 가부장제가 남성의 권력을 상징적으로 확립하기 위해 몸부림을 친 이유는 뻔하다. 얼마 전까지만 해도 엄마가 누구인지는 의심의 여지가 없었지만 아버지의 상속 라인은 당당히 주장할 수 없었기 때문이다.

힘 있는 여성을 향한 남성의 두려움은 가부장제가 사라진 지금도 여전히 남아 있다. 두려움에 떠는 우월성의 이 마지막 잔재가 주눅이 들어 입을 꾹 다문 수동성 대신 자의식이 넘치고 당당하며 적극적인 여성의 욕망을 만난다면 어떻게 될까?

프랑스의 여성 정신분석가 엘렌 식수는 〈출구(Sorties)〉에서 성적으로 불가능한 지위를 박차고 나오라고 여성들을 독려한다.

"욕망이 있어도 죄, 욕망이 없어도 죄, 불감증이어도 죄, 너무 '뜨거워도' 죄, 동시에 둘 다가 아니어서 죄, 너무 지나치게 엄마 노릇을 해도 죄, 엄마 노릇이 부족해도 죄, 아이를 낳아도 죄, 낳지 않아도 죄, 젖을 먹여도 죄, 안 먹여도 죄."

이것이 여성이 가진 실존적 딜레마다. 따라서 식수는 여성들이 '꽁꽁 봉해진 거대한 신체의 영토'로 들어가는 문을 발견해야만 자신의 힘을 온전히 활짝 펼칠 것이라고 주장한다.[11] 과거의 피해자 서사에 매달리지 말고 깨어나 굳은 의지로 미래를 바라보기로 마음을 먹어야만 남성과 동등해질 것이고, 여성을 향한 남성의 공포는 쾌락으로 바뀔 것이다.

현실에서 가능한 것

미투 논쟁을 따라가는 동안 시몬 드 보부아르의 《제2의 성》에 나오는 한 구절이 자꾸만 떠올랐다.

"내재성의 형을 선고받은 여성은 자기가 있는 감옥으로 남성을 끌어들이려 노력한다. 그런 방식으로 감옥을 세상과 동일시해 감옥에 갇힌 자신의 처지를 괴로워하지 않는다. 엄마, 아내, 애인은 교도관들이다. 남성의 법칙이 지배하는 사회는 여성을 열등하다고 선언한다. 여성이 이 열등함을 끝낼 수 있는 방법은 남성의 우월함을 부수는 길뿐이다. 그래서 여성은 수단과 방법을 가리지 않고 남성을 토막 내고 지배하려고 노력한다. 남성에게 저항하고 남성의 진리와 가치를 부인한다."[12]

　　보부아르는 《제2의 성》을 1940년대에 집필했다. 당시만 해도 대부분의 여성은 실제로 내재성의 형을 살았다. 다시 말해 집과 부엌에 꽁꽁 묶여 있었다. 하지만 지금은 어떤가? 여성은 법적으로 평등하다. 자녀를 돌봐줄 어린이집도 많고 가사나 육아 등의 재생산 노동에 참여하는 남성의 숫자도 날로 늘어나고 있다. 독일 역사상 여성이 수상이며 이렇게 많은 여성 장관이 나온 적이 없었다. 아빠가 없어도 임신할 수 있는 정자은행도 있다. 자세히 들여다보면 곳곳에서 남성의 권력이 무너져 내리고 있다. 그런데도 왜 여성들은 이렇게 이상할 정도로 피해자 담론에 매달리는 것일까? 니체의 말마따나 왜 이런 '노예의 도덕'에 집착하는 것일까? 모든 강자를 깎아 내리고 자신의 열등함에서 도덕적 우월함을 끌어내는 그런 '노예의 도덕' 말이다.

　　다시 한번 강조하지만 여성을 강간하는 남자는 당연

히 감옥에 처넣어야 한다. 하지만 지금은 그런 범죄와는 거리가 멀고, 아직 전혀 입증되지도 않은 죄를 지었다는 남성들까지 비난을 받고 있다. 앞서 인용한 보부아르의 글귀는 여성의 발전 과제를 명확하게 제시한다. 남성을 거세할 것이 아니라 여성 스스로 힘을 얻어야 한다. 반응이 아닌 행동을, 수동성이 아닌 능동성을, 결핍이 아닌 충만을 추구해야 한다.

힘 있는 여성은 일과 섹스와 실존에서의 수동성이 남성 때문이라고 책임을 전가하지 않는다. 힘 있는 여성은 욕망으로 뛰어든다. 스스로 욕망하고 유혹하며 객체의 지위에서 벗어나 호기심의 자주적 주체가 된다. 남성의 섹슈얼리티를 깎아내리지 않고 자신의 섹슈얼리티를 드높인다. 남성의 의지를 증오하지 않고 수백 년 동안 잠자고 있던 자신의 의지를 펼친다.

자주적 행동의 책임은 그 누구도 대신 져줄 수 없다. 그 누구도 그녀를 대신해서 그녀가 되고 싶은 사람이 되어줄 수 없다.

이러한 가능성을 붙들기 위해서는 그에 맞는 현실이 필요하다. 그리고 아직 우리는 권력이 공평하게 분배된 사회에서 멀찍이 떨어져 있다. 하지만 우리 여성은 이 현실의 일부다. 우리는 그 현실을 함께 만들어나간다. 적극적으로, 공격적으로, 혁신적으로! 그러므로 지금보다 더 우리를 허약하게 만들면서 남성의 권력을 떠받치지 말자. 현실에서 가능한 것을 실현해보자. 바로 지금!

감사의 글 _____

가르침을 준 안냐 카트린 힐트, 밀레이 하얏트, 앨리스 라가이, 자비네 뮐러-말, 베로니카 라이홀, 편집을 해준 우타 뤼에나우버와 크리스토프 슈테스칼, 든든하게 지원을 해준 도미니크 에르하르트, 제목을 지어준 볼프람 아일렌베르거에게 감사를 드린다.

함께 가능성을 열어준 플로리안 베르너에게도 깊은 감사를 드린다.

미주

1   www.focus.de/familie/me-too-chefin-erzaehlt-wie-oft-sie-sexuell-belaestigt-wurde-und-wann-das-ploetzlich-aufhoerte_id_7767891.html

2   Pauen/Welzer,《Autonomie》, p.25.

3   Dorn, 〈Das ist ein neuer Totalitarismus〉.

4   Rousseau,《Emile oder Über die Erziehung》, p.387ff.

5   Freud, 〈Die Weiblichkeit〉, p.561.

6   Lacan, 〈Die Bedeutung des Phallus〉, p.130.

7   Žižek, 〈Die Selbstunterwerfung der Frau〉.

8   Jaeggi,《Kritik von Lebensformen》, p.200ff.

9   de Beauvoir,《Das andere Geschlecht》, p.334.

10   Butler,《Das Unbehagen der Geschlechter》, p.22.

11   Cixous,《Das Lachen der Medusa》, p.44.

12   de Beauvoir,《Das andere Geschlecht》, p.883.

참고 문헌

Aristoteles, 《Metaphysik》, Herausgeben von Horst Seidl, Hamburg, Meiner, 1991
_____, 《형이상학》, 조대호 옮김, 길, 2017.

Simone de Beauvoir, 《Das andere Geschlecht: Sitte und Sexus der Frau》, Hamburg, Rowohlt, 1992
_____, 《제2의 성》, 이희영 옮김, 동서문화사, 2017.

Henri Bergson, 〈Das Mögliche und das Wirkliche〉, In: Ders. 《Denken und Schöpferisches Werden, Aufsätze und Vorträge》, Meisenheim am Glan,Westkulturverlag, 1948, pp.110-125.

Judith Butler, 《Das Unbehagen der Geschlechter》, Frankfurt am Main, Suhrkamp, 1991
_____, 《젠더 트러블: 페미니즘과 정체성의 전복》, 조현준 옮김, 문학동네, 2008.

Hélène Cixous, 〈Das Lachen der Medusa〉. In: 《Das Lachen der Medusa. Zusammen mit aktuellen Beiträgen》, Herausgegeben von Esther Hutfless u. a., Wien, Passagen, 2013, pp.39-62
_____, 《메두사의 웃음 출구》, 박혜영 옮김, 동문선, 2004.

Thea Dorn, 〈Das ist ein neuer Totalitarismus〉, In: 《Deutschlandfunk Kultur》, 10. 11. 2017, www.deutschlandfunkkultur.de/thea-dorn-zur-sexismus-debatte-das-ist-ein-neuer. 1008.de.html?dram:article_id=400306 (abgerufen am 11. 03. 2018).

Denis Diderot, 《Die geschwätzigen Kleinode》, Berlin, Rütten & Loening, 1978.
_____, 《입 싼 보석들》, 정상현 옮김, 고려대학교출판부, 2007.

Sigmund Freud, 〈Die Weiblichkeit〉, In: 《Studienausgabe》. Herausgegeben von Alexander Mitscherlich u. a., Band 7. Frankfurt am Main, S. Fischer, 2000, pp.544-565.

Luce Irigaray, 《Das Geschlecht das nicht eins ist》, Berlin, Merve, 1979.
_____, 《하나이지 않은 성》, 이은민 옮김, 동문선, 2000.

Rahel Jaeggi, 《Kritik von Lebensformen》, Berlin, Suhrkamp, 2013.

Jacques Lacan, 〈Die Bedeutung des Phallus〉, In: 《Schriften II》. Herausgegeben von Norbert Haas, Olten und Freiburg, Walter, 1975, pp.119-132.

Thomas Nagel, 《Wie ist es, eine Fledermaus zu sein?》, Stuttgart, Reclam, 2016.

Michael Pauen und Harald Welzer, 《Autonomie: Eine Verteidigung》, Frankfurt am Main, S. Fischer, 2015.

Jean-Jacques Rousseau, 《Emile oder Über die Erziehung》, Paderborn, Ferdinand Schöningh, 1971.
_____, 《에밀: 인간 혁명의 진원지가 된 교육서》, 이환 옮김, 돋을새김, 2015.

Mithu M. Sanyal, 《Vulva: Die Enthüllung des unsichtbaren Geschlechts》, Berlin, Wagenbach, 2009.

Gabriele Schor, 《Feministische Avantgarde: Kunst der 1970er Jahre》, Sammlung Verbund Wien, München, Prestel Verlag, 2016.

Slavoj Žižek, 〈Die Selbstunterwerfung der Frau〉, In: 《Neue Zürcher Zeitung》, 08. 03. 2018, www.nzz.ch/feuilleton/die-maenner-bleiben-die-herren-ld.1363898 (abgerufen am 08. 03. 2018).

스베냐 플라스필러ⓒMaria Sturm

스베냐 플라스필러 지음

1975년생이며, 독일 뮌스터에서 태어났다. 뮌스터대학교에서 철학과 문학을 전공했으며, 현재 《철학 잡지(Philosophie Magazin)》의 편집장으로 일하고 있다. 현대인들의 욕망과 탈진, 중독, 우울증 등에 관심을 가지고 있으며, 자유 저술가로서 다수의 글을 기고하는 등 활발히 활동하고 있다. 볼프람 아일렌베르거, 게르트 스코벨, 위르겐 비비케와 함께 국제 철학 페스티벌 Phil.cologne의 책임을 맡고 있다. 저서 《나의 의지가 이루어지다(Mein Wille geschehe)》가 아르투어-쾨스틀러 저작상을 수상했고, 이외에 《바람직한 중독(Gutes Gift)》《용서(Verzeihen)》《우리의 노동은 왜 우울한가(Wir Genussarbeiter)》를 출간해 큰 주목을 받았다. 작가인 남편 플로리안 베르너와 딸과 함께 베를린에 살고 있다.

장혜경 옮김

연세대학교 독어독문학과를 졸업했으며, 같은 대학 대학원에서 박사 과정을 수료했다. 독일 학술 교류처 장학생으로 독일 하노버에서 공부했다. 전문 번역가로 활동 중이며, 《처음 읽는 여성 세계사》《강한 여자의 낭만적 딜레마》《나는 이제 참지 않고 말하기로 했다》《우리의 노동은 왜 우울한가》《나는 왜 무기력을 되풀이하는가》 등 다수의 문학과 인문 교양서를 우리말로 옮겼다.

힘 있는 여성

초판 1쇄 인쇄 2018년 9월 3일
초판 1쇄 발행 2018년 9월 13일

지은이 | 스베냐 플라스푈러
옮긴이 | 장혜경
펴낸이 | 한순 이희섭
펴낸곳 | (주)도서출판 나무생각
편집 | 양미애 조예은 김승규
디자인 | 박민선
마케팅 | 이재석 한현정
출판등록 | 1999년 8월 19일 제1999-000112호
주소 | 서울특별시 마포구 월드컵로 70-4(서교동) 1F
전화 | 02)334-3339, 3308, 3361
팩스 | 02)334-3318
이메일 | tree3339@hanmail.net
홈페이지 | www.namubook.co.kr
트위터 ID | @namubook

ISBN 979-11-6218-031-0 03330

값은 뒤표지에 있습니다.
잘못된 책은 바꿔 드립니다.

이 도서의 국립중앙도서관 출판예정도서목록(CIP)은 서지정보유통지원시스템
홈페이지(http://seoji.nl.go.kr)와 국가자료공동목록시스템(http://www.nl.go.kr/
kolisnet)에서 이용하실 수 있습니다. (CIP제어번호: CIP2018026485)